ediciones carena

ÁLEX PERAIRE

EL GUARDIÁN DE TU ADIÓS

Primera edición: mayo de 2024

© Álex Peraire, 2024
© Ediciones Carena, 2022

Ediciones Carena
c/Alpens, 31-33
08014 Barcelona
T. 934 310 283
info@edicionescarena.com
WWW.EDICIONESCARENA.COM

Diseño de la cubierta: Ivette Guedella Reyes
Maquetación: Cristina Carril
Corrección: José Membrive

Depósito legal B 10117-2024
ISBN 978-84-19890-64-1

Impreso en España - Printed in Spain

Recuerda mañana…

TEXTO 1

El mensaje, aquella voz en la noche de los tiempos. El perdedor ambulaba bajo las estrellas soñando sus luces de un mundo mejor.
Fue entonces cuando escuchó aquella voz en su mente.
Y algo cambió en su ser.
La soprano increíble, de teatros imposibles,
de arias de poder incomparables, de éxitos en la otra dimensión cuando solo te cantan a ti.
Y volando el perdedor atravesó la noche, atravesó La Luna y desapareció.

TEXTO 2

Atravesando el país, siguiendo aquella carretera, tus huellas invisibles… atrás el pasado de una vida dedicada a ti.

Un pobre viejo, desaliñado, a paso lento. La carretera del olvido. La lluvia triste y lánguida del cielo intentando calmar aquel corazón, bravo sin rendición. Quiere llegar al final con su último aliento, por ella cayendo con honor.

TEXTO 3

Señales en el cielo; la noche es la palma de tu mano. Aquella estrella que toma la Luna y la moldea a su antojo.
Enorme se cierra, ardiente, precisa, la tarántula de fuego engulle a la presa.
La noche de la araña y una gran red, una tela de plata. Aquella constelación que todos los locos temen, oscuridad eterna, dolor sin final.

TEXTO 4

El perdedor llora su derrota. Y se pierde en las cantinas de la extinción.

Su barco navega solo, a la deriva, con todo el lastre y la carga encima.

Vagar y perder poco a poco la vida, escuchando la música que una vez le llamó desde la nada. Ahora un adiós, un himno de despedida.

TEXTO 5

(Eres) palabra que delimita un rostro, una cara en el universo de
la mente. Un bello polígono en la inmensidad.
La inquietud y la desidia de una brisa que vive y puede parpadear.
Y siempre (eres) también la pregunta. Sí, soy yo:
tu admirador,
tu soldado,
tu eterno perseguidor hasta el final de los tiempos, perdidos ya.

TEXTO 6

En el principio de los tiempos sé que te conocí. En el transcurrir de la existencia siempre te encontraba en otra mujer. Era tu alma dúctil en un cuerpo cada vez más bello, más hermoso. Y se cernía la locura en un viaje constante, tras de ti, bella y mentirosa diferente en las noches y en los días. Pero siempre tú.

TEXTO 7

En medio del firmamento, en aquel claro, un círculo de ángeles veneraba una luz excelsa. Muchos lloraban, llantos en el vacío, ruedo de la eternidad corriendo en redondo como en un juego infantil y salir agitando las alas en un vuelo, partir el vacío, la profunda pregunta: libres, pletóricos, en el conocimiento; la iluminación.
Misioneros de Dios.

TEXTO 8

Frente al mar, una mujer desnuda, lunar se recreaba en un tango imaginario.

Cada movimiento, cada paso: altiva, enhiesta, poderosa, cautivadora; postrada la noche, entregadas las estrellas. Muerta la mar dejaba de oírse la rémora de gata solitaria, dormida la playa aquel tango interminable que todavía hoy recuerdo junto a la ventana lloviendo mi corazón, la noche de los tiempos.

TEXTO 9

Solo pudo conseguir un poemario que leía en la ermita bajo la palmera donde la besó por primera vez.

Eran poemas apasionados que ella le dedicó y el lloraba su ausencia leyendo aquel libro, el único que creó.

Respirando el aire de la ermita, dos niños inocentes que se miraban y reían sus mundos para correr locos

gritando libres, felices.

TEXTO 10

Siempre viajando, siempre en trenes a ninguna parte. Durmiendo junto a un largo y ancho cristal mientras llueve, diluvia en el exterior.
Cubierto bajo mantas nórdicas en la Siberia de mi soledad.
Atravesando el corazón de la madre Rusia y el espinazo de Escandinava, volando en sueños aquel dragón de metal se iba elevando sobre París y la imaginación de Verne; incendiando Londres, el inmortal Shakespeare, el primero:
Ser o no ser... libre.

TEXTO 11

Aquel pincel de colores mágicos desafiaba toda imaginación clásica y contemporánea.

Era en su mente la visión de tu cuerpo desnudo policromado de sentimientos, amor variopinto, profundo como un arco iris sobre un abismo desolador. Voló el pincel sobre la mente, la idea, el marco visualizado, el lienzo pintado, el puñal clavado.

TEXTO 12

Llegué a un enclave perdido en mis sueños desde aquella noche en la que rompimos con nosotros y con el mundo.
Como un extraño, en un insólito lugar, respiraba veneno, el odio se deslizaba como un alacrán alado (de gran tamaño). La vida, Luna nueva de locura. Evadidos de la culpa, la ambición, el dolor. Una raza, un lugar desconocido para el amor. Una iluminación para el perdedor.

TEXTO 13

En mi sueño ibas avanzando desnuda, ibas paso a paso, firme, orgullosa mientras, a tu alrededor, llamas cubrían tu avance.
Podía sentir aquel calor, aquel fuego, entonces en mi desesperación me vaciaba de pasión, inundando aquel infierno inminente.
El blanco elixir del amor cubrió y penetró en tus entrañas la sangre se tornó vida una nueva concepción.

TEXTO 14

Los cánticos de la noche. Los sueños como desfiladeros corales, luminiscencias que seducen en susurrantes teclados de voz. Pianos en la penumbra. La Luna se encumbra, reina de un poema profundo, seguido por los ancestros de aquella tierra; espíritus libres recordando, almas de la nostalgia y nuevos amores en Cadillacs solitarios, húmedos, mojados, ocultos.

TEXTO 15

Al ascender por aquella escalera interminable llegué al terrado rojo y pude contemplar tu cuerpo desnudo con un halcón en tu brazo.

Era como sentir la libertad de la mujer amada, excitante, prometida de un cielo, un imperio a punto para llegar más alto.

La belleza dejó volar la imaginación y se entregó al enigma desde los territorios mundanos en un diálogo intenso, una travesía caliente, ordinaria.

TEXTO 16

En aquel caserón abandonado. En aquel otoño de piano cerrado donde las grandes cortinas cubren tu cuerpo desnudo entre la niebla de mis ojos del tiempo.

Solo reconozco el aroma de un tocador viejo, pero conserva el amor, el espejo confesor de una joven enamorada que se quedó perdida en algún lugar. Perdida en un libro, una jaula, en algún rincón de mi soledad.

TEXTO 17

El porqué de tus ojos; el porqué de mi vida. La respuesta se encuentra en el corazón, un vigía, un oráculo, un radar que recoge señales de amor.

Cuando mis ojos te libran del presidio de tu elegancia y quedas ante mi desnuda siento la respuesta en mi pecho, en el cielo, en el viento. La vida estalla, entonces nos enfrentamos a la noche, a vida o muerte.

TEXTO 18

Siento la brisa la misma que ondula las aguas del mar y contonea tu cuerpo en una bonita danza de atracción.

El cielo en blanco y negro, si o no, sigo el balanceo del tiempo; me voy preguntando, me voy respondiendo sujeto en un eje firme, sólido llamado amor.

Clavado en el profundo centro de La Tierra, ese corazón desconocido, ese magma prohibido, esa pregunta... ¿será verdad?

TEXTO 19

En el muelle veo alejarse aquella barca solitaria.
Tras ella aquel enorme crucero cargado de alegría, de vida.
La fiesta de los corazones en libertad sobre el mar azul. Historias del pensamiento, del pasado ancestral.
Imperios y gloria, caídas y deserciones en la memoria del mundo.
Libros, poemarios de grandeza, de honor, páginas de amor, tu leyenda, tu cuerpo, aquella barca del adiós.

TEXTO 20

Te perdiste siguiendo las líneas de tu mano; las estrellas iluminaban las caricias, besos de luz, brillantes ojos sonrisas con antojos de un porvenir;

Planes sobre el mundo; la ciudad de cárdeno y apasionado juego sin vuelta atrás. Jugar o morir ases de la noche del aire por respirar. En el mapa de la vida, carreteras de evasión. Los ochenta en el corazón.

TEXTO 21

La caja de música suena sobre el tocador un cuerpo de mujer anda lentamente recordando un salón de baile, una orquesta de amantes que lavan sus labios con besos de dulce jabón.
Impregnados de la noche, de eterna primavera. Años ochenta ya no se acuerdan de la rebelión de la actitud.
Es ahora una posición, un baile para amar, dos cuerpos en guerra.

TEXTO 22

El perdedor, no va más, sale del local lloviendo a raudales, el taxi está cegado no se ve la vida, ni el valor de esta.

Una mujer en la mente, el billetero vacío y el alma ya no pesa, todo se fue, hasta la libertad.

Al llegar al rompeolas el perdedor abandona el vehículo y bordea las rompientes, su corazón a pedazos late al ritmo de una sirena.

La justicia y el destino.

TEXTO 23

El cascabel del amor recorría la casa.
Aquel sonido en las bajuras de la vida. Sonido de alerta cuando el gato audaz, curioso merodeaba el corazón al amparo de la noche.
Un cuerpo desnudo, mujer ardiente por la señal en un encuentro, en el cubil, en la madriguera del amor.
La serpiente de cascabel, la del veneno que mordió la historia y el relato pasó de la pasión a la lujuria.
Por sobrevivir.

TEXTO 24

Se escucha se siente la cercanía del tren veloz. Se aproxima, se cierne sobre la estación aquel titán metálico corazón de bestia. La palabra más larga y dura. Pesada sucesión de versos en el poema más veloz, ilícito e ilimitado porque siempre se vuelve a él. Siempre lo esperaré en la estación. Aquella mujer, aquel tren al que solo aspiran los nobles y locos enamorados.

TEXTO 25

Vas caminando no vuelvas a caer en el foso hondo de la locura.
Llueve y todo se moja como el papel bañado de poesía fácil.
Parco el poeta se duerme entre laureles, los helechos muertos.
Hablan las palabras, lloran los versos; entre riachuelos barcos de
papel vuelven a naufragar como otra primavera. Otra entrega a
un corazón, la mujer, mi reina.

TEXTO 26

Parlamentos del mundo, foros de poder donde la belleza se muestra en la mente del romántico. Trasnochado amante; primaveras de poesía
Polos opuestos cuando el amor se enfrenta al desamor. El desahucio, el abandono de la vida y el hombre queda libre.
El animal sin ley, el político elegido, en nombre de la ley.

TEXTO 27

Bajo la tormenta al sur del cielo veo caer el diluvio sobre mi rostro y en esas profundas tinieblas te deseo. Como entrar en el misterio de la caída y la muerte de los cristales expandiéndose sobre las aceras. Bautismo de pequeñas vidas. Alcantarillas o palacios, barracas o estadios, el agua lo llena, lo limpia, lo erige todo como un gran llanto sin consuelo, otro guerrero del amor, otro servidor de Dios ha caído.

TEXTO 28

Desde las alturas se contempla todo lo extraño y mundano una historia banal, aunque original.

Un cuento chino nada más; un concierto de Beethoven que te eleva en conexión con el universo. Entonces aparece una mujer en todo su esplendor, sobre el risco se muestra, y te invita a morir. A cruzar los cielos en un bello canto, otra sinfonía para la eternidad.

TEXTO 29

Ese prestigio, esa fama, la de tu belleza.
Por donde pasas todo refulge en un afán atómico. Satánico plan
el de la humanidad pensarte y tomarte cada noche como a un
café de la pasión. Felicidad sensual, caderas que llevan al sur de
los infiernos, al norte de los cielos, hacia la elevación de la palabra
y la deuda con el placer real. Al sur, en las termas del dolor, en
la última poesía
de la creación.

TEXTO 30

En el elevador grande aquel montacargas donde iba subiendo el placer hasta la cima del mundo. El rascacielos de la satisfacción. El ascenso de la marihuana concentrada en cada respiradero mezclada con el oxígeno respirando libertad. Encuadrada en la dimensión de la intimidad, el reducido perímetro donde el amor prendía subiendo poemas y romances cantados. Llorados al final de aquel coloso de amor.

TEXTO 31

El hombre solitario, aquel zapatero en su mundo, clavando y marcando una vida, de raza, de estirpe. Paso a paso avanzan los sueños de altos tacones tan distantes; poemas lloviendo sobre el taller.

El artesano se llena de recuerdos, cubierto de cuero, aromas de un pasado.

El tiempo de caer las hojas; los pensamientos rendidos a una mujer.

TEXTO 32

El hombre pájaro vuela sobre las empalizadas de aquella villa
marinada en el romanticismo de historias profundas
Recordando las bellas doncellas desnudas extendiendo sus glo-
rias, aromas de vida y de libertad.
En la última empalizada el hombre pájaro la divisa: la última
del cuento, de la historia y la captura, llevándose aquel cuerpo
hacia la infinidad de leyendas, románticos soñadores sin límite,
sin final.

TEXTO 33

El lejano transeúnte camina entre la lluvia hacia aquella dama de mirada impermeable, amarilla virginidad. El curioso la enciende por el suburbio de su piel.

Mojada doncella de dulce corazón, bañado licor de calles sin retorno. Villano abducido en el misterio de un cuerpo, de un encuentro, en un valle urbano y profundo.

TEXTO 34

La seductora doncella en el árbol vigila junto al río prohibido. Como una conífera milenaria la dama escondida y desnuda en su piel, en su corteza succiona la savia del más elevado conocimiento, la tierra, que asciende a las alturas en el poder de la selva que conoce al hombre y junto al río, al discurrir de la meditación, la doncella sonríe y vigila.

TEXTO 35

Bailas en soledad, el hotel olvidado te brinda un piano perdedor, llorando tu rostro, tu cuerpo y te vas desnudando y cada nota, cada tecla es una caricia, un beso invasor.

Tocando una sonata de un tiempo atrás, de inocente poesía, películas en la mente, siempre recordadas. Casablanca llorada en blanco y negro como cada amanecer.

TEXTO 36

Jamás me hablabas de tu dolor. Pasabas las horas cocinando tu dolor y te encerrabas en la habitación para meditar, para sumergirte más y más en aquel castigo, en aquella penitencia.

El látigo del diablo, el capataz de un lugar en el que murió tu vida. Aquella carretera sin final que recorrías una y otra vez en tu mente junto a él, al que nunca pudiste olvidar.

TEXTO 37

Te amé en el diluvio más intenso, desde entonces solo deseabas escribir, recrear el misterio, el origen y el porqué de aquello llamado amor.

Parecías tan entregada, tan enamorada que seguía en ti y me multiplicaba en la pasión.

Quedaste embarazada y ahora dejaste de escribir, caminando desnuda entregada a mí y a la madre Tierra.

TEXTO 38

El puerto de mi recordar, sentado en aquel banco de metal viendo a las lubinas pedir unas migas de pan, de piedad.
El rincón prohibido, el extremo de mi dolor. Cuando tu crucero partió; cuando la vida se me fue fría como el hielo.
Aquel invierno eterno que nunca terminó. Aquel crucero del destino que me dejó en el infierno condenado y perdido.

TEXTO 39

Todo el mar ante tu balcón. Tu cuerpo desnudo se deja tomar
por el mar y la brisa.
Sola como un poema que leen los seres invisibles, perdidos en
otra dimensión reducida; el cristal de la microvida. El otro amor
que corre en la locura; la obra de teatro eterna que nunca termina
y que tú revelas en tu soledad, en tu mente

TEXTO 40

Atravesabas aquel largo puente de duro cemento en los corazones.
Pasabas desnuda dejando un nuevo aroma, desconocida fragancia del alma. Tacones negros desafiando la vista de poetas y magos. Poemarios del futuro, hechizos de los sentidos; telepatía del mundo, bella esquizofrenia de cianuro en los labios cuando decías adiós.

TEXTO 41

Quedamos en la blanca fuente bajo la palmera de la ermita.
Ya eran las nueve en punto. De pronto apareciste de azul como una ola de felicidad.
Para mí solo eras una figura de azúcar, chocolate de los cielos.
Blanca poesía rebozando la gran paranoia de la juventud. Te miré en el instante que moría de amor, que volaba en libertad, aquella soñada por ti.

TEXTO 42

La locura,
literatura cayendo y yo, como un murciélago, voy sorteando
volúmenes desde anaqueles de todos los tiempos, llorando los
clásicos y los románticos.
Libros de aventuras sin rendirse jamás en la caída.
Poemarios en el final de su historia, llorados quedarán en el
recuerdo.
Arden montañas batallas y amor.
Volando ciego, como vampiro del saber que se pierde loco e
iluminado.

TEXTO 43

No pudiste vencer en la batalla de tu vida.
El amor te derrotó, príncipe del olvido. Amante del juego y el
vino.
Lloraba el anciano entre gatos pardos y grises palomas cada mi-
gaja de pan mojado; cada lágrima en la espalda; cada aguacero,
frío en el alma.

TEXTO 44

Segando inmensos campos de trigo a cada golpe de guadaña, el
ir y venir de la muerte.
Siempre merodeando entre campo de trigales. Tu cuerpo desnu-
do huye presa del miedo.
Sorteando la guadaña de la muerte. Su amor, el amante, el sega-
dor de las paranoias, de los problemas. La ciudad, la fobia salvaje.
La selva de los sentimientos,
el segador de tu vida.

TEXTO 45

El amo del tiempo, el que, aliado a la diosa de los recuerdos, de la memoria, conforma las historias de amor.
Guiando caravanas de ilusión entre sueños estelares, creando constelaciones de esperanza: la fe del buscador, del olvidado.
Despiertan en la noche los gigantes dormidos; amantes de la soledad. Saben que la verdad, el amor, les hará libres.

TEXTO 46

En el interior de la abadía. El fraile entona aquel salmo, eleva el tono de su adoración. Y la voz se expande a lo alto entre columnas y cúpulas agrisando oscuridades, humedades de siglos de antigüedad.

En el granero, la joven aguarda desnuda al fraile entre llantos y desesperación. Pasa el tiempo y la virgen se sumerge en un confesionario de soledad. Animal perdido, lujuria que se lleva la tormenta.

TEXTO 47

El camión de las mudanzas llevaba vida en su interior.

Sobre aquel sillón, dos cuerpos, dos almas se fundían en un aguacero del mundo.

Llovía a raudales y los cielos se iban abriendo más y más, pariendo vida, pasión, mientras en el interior del camión, un montacargas oscuro, dulce como una colmena de miel: licores bajo la Luna.

TEXTO 48

Al fin conseguiste partir, con el beneplácito del príncipe de la luz, el heredero del universo, de la vida.

Así fue como aquel cometa, en ignición, inició aquel viaje singular y, a medida que recorría el cosmos, iba tomando forma humana: forma, cuerpo de mujer. Como un lingote de oro, de la belleza, para precipitarse en el océano terrestre y volverlo de color dorado, solidificándose y resplandeciendo en toda la galaxia.

TEXTO 49

El clarividente vuela sobre el océano azul, profundo; en la mente del creador, no hay fronteras, no existen límites. En un viaje astral, observa el transcurso, la evolución de la vida, de la humanidad.

Es un viaje eterno, interminable, hacia la libertad y todo se vuelve poesía, música: la película de la verdad donde el tiempo es un verso, un conocimiento que llegará.

TEXTO 50

La muchacha contemplaba la Luna y se fue despojando del pu-
dor, del orgullo, aguardando al bandido, a aquel caballero lunar...
para cubrirla con su capa y llevarla hacia las estrellas.
El vuelo del amor, de la mujer y la noche: una aventura, una
fantasía.
Y sobre la Luna creció un árbol de esperanza; un sueño real, el
cuerpo de ella se llenó de un amor puro, libre, hijo de La Luna.

TEXTO 51

Cruzaste las piernas y me perdí en la antigua Babilonia. Sonreíste dejándome absorto por las risas de Italia, España. Me dirigiste la mirada y soñé en las mil y una noches, en un islam azul.

Tus grandes ojos como globos terrestres que giraban en mi galaxia alrededor de mi presencia corpórea.

Me iba elevando y mi cabeza abandonaba el cuerpo como los brazos, las piernas, pedazos de amor. Aleación del espacio-tiempo.

TEXTO 52

El eterno Mediterráneo que descansa meditando... donde los pensadores rezan inspiración, y los navíos del alma protegen galeras de pasión.

Crece la mar, la amenaza de otra batalla, mareas de sangre de historia cuando dos imperios se enfrentan, cuando dos mundos colisionan en un estallido de poder que se expande como himno de un nuevo Sol, nuevos planetas; un milagro llamado vida.

TEXTO 53

Aquellos ojos grandes y azules me preguntaron, yo les respondí. Ahora en la comunidad donde vivo recuerdo aquellos ojos que me invadieron y que recuerdo como un horizonte. Volando como un Spitfire hacia la poderosa formación alemana.

Como en un sueño me enfrento al miedo de perder, de perderte a ti. A metros de distancia te deseo y te espero. Mirada profunda, mar adentro, me pierdo.

TEXTO 54

En la isla del amor bajo las profundas palmeras. El galán corteja a la belleza real de aquel ensueño; un cuento bajo el Sol: ella sensual, abatida por aquellos ojos negros y penetrantes, queda desarmada y, al caer la noche, baja la Luna sobre el mar y, contando las estrellas, se escribe en la historia aquel poema de un amor libre, noble y cautivador.

TEXTO 55

El firmamento, las estrellas que lucen, viven y recrean los sueños,
no obstante, en el ignoto universo aparecen las preguntas: luceros
que se apagan y dejan otro soñador a oscuras.
Solo el ideal de la libertad,
el guerrero mítico, el combate épico, inexorable, interminable,
traerá la luz.

TEXTO 56

El viquingo, vencido el valiente guerrero del norte, del frío, pernocta aferrado a su hacha de combate. Bastión de un pasado, una vida entregada a la guerra. Valor a fuego forjado, movido por el brazo de Odín. El vikingo descansa y se va apagando lentamente su vida, su historia.

Un cuerpo de mujer se va elevando frente a él hacia el paraíso.

TEXTO 57

Vuelan enormes bandadas de gaviotas, escuadras de libertad, crillando nubes, estallando estrellas.
Lunas a pedazos, soles rotos, meteoritos de fuego van cayendo a la inmensa superficie terrestre. Azules poemas de roja pasión, despiden garabatos en el cielo. Dibujos de un dios menor.
A Dalí el creador.

TEXTO 58

Sentado junto a la ventana, en el tren de alta velocidad veo resbalar largas gotas de lluvia como traslucidos neones, diminutos espejos, verdades que se pierden y van pasando olvidadas. No mojan la piel, pero si el corazón, mientras la dama denostada cruza las piernas, las medias de cristal; cianuro para los ojos que me deja ciego, mirando al exterior sin ver nada.

TEXTO 59

Sentada en aquel sillón junto a la ventana, mirabas la lluvia caer; el alma a pedazos. Cada día, cada año, pasando… y el recuerdo del campo, la leña, el fuego.

Las brasas de un alma enamorada, junto a la ventana; creadora de sueños, de culpas; solo tú y nadie más. Sentada sobre tu corazón de juventud. Sentada ahora, el resto de tu vida sobre sus pedazos.

TEXTO 60

La chimenea seguía fumando bajo la lluvia, bajo el viento. Y tú que eras inseparable pasaste a ocupar aquel reino de tejas y dolor. Allí, en las alturas, buscando a tu cachorro perdido; buscando en el fondo de tu alma, aquel pedazo de corazón; aquel pequeñuelo y revoltoso cachorro que se perdió.
Y allá, monarca del día y de la noche del blanco y el negro, esperando desde el profundo misterio de tu vida, desafiando al dolor.

TEXTO 61

Soñando en un vuelo astral, llegando a Saturno, me encuentro al amigo que perdí. Plantado y orgulloso, me llama aquel gato tan especial para mí.

Salta sobre el anillo verdoso y comienza a correr, quiere que le lance mi corazón; quiere correr, desea ser libre, y gira y gira la joven locura de animal; la cordura del sentir; dos vidas, dos amigos para la eternidad.

TEXTO 62

Saltabas de nube en nube y te detenías enviando un hondo mio-lar ¿maullar? que me llegaba al corazón.
Y seguías en tu baile de la alegría desafiándome, llamándome.
Y yo te seguía en prodigios del equilibrio, en aquel vértigo a las alturas, gritándote, llamándote desesperado.
Para verte caer al vacío y quedarme helado, perdido y solo para siempre.

TEXTO 63

El viejo del tenderete leía novelas del oeste.

Una tras otra, el vaquero montaba la vida y se llenaba de brío disparando justicia, cabalgando en libertad.
Fue entonces cuando entró ella, aquella juventud plena, aquel precioso cuerpo y se perdía en un laberinto del tiempo, del pasado.
El vaquero enamorado preparaba su revolver para defender un ideal, el tiempo pasaba implacable sin dormir, sin amar.
El viejo vendió su alma a la lectura, a la imaginación.

TEXTO 64

El creador, delante del papel en blanco, removía todos los mares y oleajes creciendo, acelerando las corrientes del pensamiento. Moría por establecer un rumbo, elevándose, volando en cielos repletos de estrellas, ideas como constelaciones poéticas y galaxias girando como preguntas filosóficas.

Planetas, mundos habitados, novelas del alma.

TEXTO 65

Aquella hilera de soles airados volviendo del combate contra los agujeros negros despiadados, implacables tragándose la luz. La vida desde el más remoto universo.

Cuando la humanidad, entre brumas, se refugiaba en la oración, en la poesía y el romántico hidalgo de frente, con la furia de la locura encaraba una coalición de oscuridad letal: directo, mientras los soles centelleaban admirados.

TEXTO 66

Se durmió la noche, las estrellas se dejaron ir, se apagaron y todos los cometas quedaron helados y los ángeles dormidos.
El universo, siempre imparcial, se desplazó hacia otro lugar, quedando inútil, quedando prisionero de tu amor.
Princesa de la noche,
Heredera de la luz
Abre los ojos. Vuelve a soñar con los principios, con el origen, abre el corazón.

TEXTO 67

Como un don Juan perdido bajo balcones vacíos, ebrio ronda otra dama. La desconocida, la invisible, la imposible.
Con la condición de que la va a encontrar, se encuentra en su pecho, le habla en las noches en sueños, sobre los campos Eliseos, El Escorial, el mundo a sus pies, pero ¿y ella? El Capitolio, Notre Dame, parece inútil el amor, no es más que una mentira, un engaño. No existe, entonces aquel perfume…aquella imagen.

TEXTO 68

El tiempo de las lluvias llegó y se llevó aquel amor que creímos invencible. Rodó sobre el mar crecido una esfera un mundo que naufragaba y se iba perdiendo en las mareas del nunca volver. El desde la proa del crucero, y mirando el temible y profundo horizonte, dejó caer lágrimas de una derrota inminente. Ahora aguardaba la vida real.

TEXTO 69

El maestro escritor, frente al poemario, escribía desde el corazón a ella. Su inspiración, la búsqueda incesante entre esquinas, callejuelas y suburbios, versos dúctiles que se internaban en la fantasía, en la imaginación, en lo imposible. Sin detenerse jamás. La máquina del amor, del tiempo, el tiempo del amor, poesía inagotable como el río, la cascada poderosa como aquella hembra, aquella pasión sin final.

TEXTO 70

Convenciste sus ojos, tu cuerpo cayó en los brazos de un cobrador de deudas.

Un pasado robando corazones desde la distancia. Su mente perversa se adueñaba de ti, de ella, de sí mismo. El coraje de amar pasó al ultraje de cuerpos. La belleza como trofeo de caza. Furtivo de Luna; refugio de las tormentas, se enfrentó a su palabra, a su ley, rompiendo de un golpe su ojo implacable.

TEXTO 71

Cansado de pensar, de recordar, de amar. El soñador de un país soñado en el tiempo. Un ideal en la historia, un ideal la belleza. Aquel cuerpo, aquella mujer que cubría toda imagen, la mente ocupada. Invadida por aquel imperio en dos partes: hemisferios de locura. La lujuria de vivir, amando la soledad, la mujer... el ideal.

TEXTO 72

Al otro lado del mar, al otro lado del sueño. Vivir deseando a una mujer. Bella y todavía joven, en el ecuador; la última esperanza, la oportunidad al otro lado de aquel mar que no parece invencible. Abordar cualquier navío acorazado de amor, con las baterías preparadas para la conquista de lo que se pueda imaginar, sin un porqué. Misión: tu amor.

TEXTO 73

La fuente donde lleno el cántaro amarillo para saciar mi sed...
la fuente donde bebimos juntos hace tanto (ella y yo). Dos
niños jugando, corriendo hasta la fatiga, extenuados. No había
medallas de amistad, ni normas, ni órdenes. Sólo corríamos, nos
perseguía la vida y nosotros siempre delante, nos reíamos de su
arrogancia; ahora recordamos su edad joven, la nuestra.

TEXTO 74

En aquella taberna de piedra dura como nuestro corazón, blindada el alma con el acero de la rebelión, bebíamos, nos llenábamos de cerveza rubia, recuerdos de mujer. La música, la luz, el viaje profundo de Verne. Los Nautilus de la oscuridad, exploramos las ciudades sumergidas. Condenados a buscar, a beber el tiempo, a conocer el misterio: beber hasta morir.

TEXTO 75

De verdad creíste ver el amor cristalizado en aquel claro. Era un sueño de cristal, frente al estanque donde se reflejaba el cielo estrellado y donde los cisnes pasaban cabizbajos como recitando un poema que rompía a pedazos aquel sueño de cristal hasta caer la visión ilusoria de una droga o el hechizo de algún mago oculto. Tu seda se fue elevando, diluyendo en el aire quedando eclipsada, cristalina.

TEXTO 76

La esfera del amor se desplazaba sobre las aguas del mar. Remontando las olas y vigilada por las sirenas. Las valquirias cantaban a la guerra y la redonda esfera volvía a sortear las mareas de la aventura. Un marinero perdido la recogió: la de su mente, la de su barca, la que nunca conquistó.

TEXTO 77

Los lobos se van disgregando hasta atenazar tu bonito cuerpo. Vas siendo leída, devorada y eclipsada por la noche. La oscuridad que se lee y habla de tus ojos pintados y tus caderas formadas en el placer de lobos en la noche vagando y persiguiendo la forma, la armonía, la bella música de la naturaleza.

TEXTO 78

El verdugo se colocó el capuchón y levantó el hacha mortal. El reo miraba desde la celda su destino, cayendo de rodillas recordando aquel beso y aquel cuerpo. El cielo lloraba las tormentas de un siglo de guerras y devastación. El verdugo calado alzó el hacha dejando caer la historia sobre aquel mundo que ahora rodaba, orbitaba en el olvido.

TEXTO 79

Como dos golondrinas volando a la par con la vivaz ilusión de la adolescencia.

Como dos gaviotas volando paralelas hacia los limbos de la libertad.

Amantes desnudos volando en sueños de adolescencia, de madurez. La vida se va escapando hacia un lugar de sosiego, de paz. Volver a empezar.

TEXTO 80

Sentado sobre un megalito de la historia. El tiempo de duro granito. El cielo gris y la tormenta.

Mientras el pensador se pierde en el profundo Atlántico y se va sumergiendo hacia la filosofía, el porqué del principio; el origen del porqué. Lloviendo en la soledad, el pensador, divagando, enloquece.

TEXTO 81

Se clavó en la pierna una estaca de acero. Veneno de alacrán tan duro, tan amargo dolor. Piedras de traición, corazón inerte confinado en un cuerpo rodeado de falsos refugios, sin lujos; la ciudad del trabajo, de labor. Los amantes lloran aquel veneno de alacrán rodando ladera abajo, el cuerpo se escapa veloz persiguiendo el amor.

TEXTO 82

En el diván del psico mirando el techo de rojo, lloviendo pequeños delirios de luz.

Clavados cristales ardientes. El paciente sigue llorando cristales de su corazón desde el techo de un rojo historia del mundo, de la mente. Universo de la locura, universidad del futuro. La tercera guerra mental.

TEXTO 83

El viejo camina por la orilla del mar, la playa y aquel cuerpo de mujer que sigue divisando, que le sigue llamando
Desnuda corre la ilusión, la vida, pero el corazón helado por los silencios, por los largos inviernos.
Llora el viejo potro de antaño, se rinde ante la inmensidad de un mundo feroz. Lágrimas, las últimas que le quedan.

TEXTO 84

Tengo recuerdos en mi interior. Siento llover en mi corazón. Son aquellos octubres grises y fríos acompañándome al fondo del autobús, mirando por la ventana.

Es el dolor, un pasado que me persigue. El agua sigue cayendo, mojando mi espalda; el cristal de la realidad pesando sobre mí y el alma se va quebrando. Los pies hundidos en un lodo profundo.

TEXTO 85

Soñaré, es la condición del joven pensador sobre una tabla raseando montañas y mares como un campeón de los malos y un servidor de los justos. Soñando vuela sobre su tabla, desafiando un muro de nubes de ilusión; bibliotecas de papel, blanco algodón perfumado de un tiempo, una música, un amor dulce como el tañer, aquella arpa del adiós.

TEXTO 86

El solitario junto a la guitarra. Sonidos, susurros, llantos de mujer. Un tiempo cuando las manadas de aquella libertad, la de un sí continuo, la de un no olvidado. Rincones bajo luces laser y pensares de neón. El solitario poeta cabalga sobre la música de su tiempo. El pasado, el presente y el que llegará como un concierto, aquel recital tocando la guitarra. El cuerpo de una mujer.

TEXTO 87

Se fue... dejando un infierno tras de sí. El turismo perdido en cualquier carretera, en cualquier ciudad. Bebiéndose el dolor, una copa tras otra. Se va llenando el vacío al fondo, al final del antro.

Mirando otra botella que vencer. Otra sonata de piano, ártica nostalgia; miedo a lo recuerdos; curvas de mujer, senos plenos de amor, en el preludio constante; una mirada profunda como otra vida.

TEXTO 88

Aquellos tus ojos negros, con aquel brillo primordial que me lleva a los profundos paraísos del amor. Aquel mar lloroso, aquella cadencia dando forma a tu cuerpo emergente, coronado por el norte panorámico y desde el sur del cielo asciende la monarquía de tus piernas; imperio es tu cintura. Caderas como eslabones de hierro apresando con amor y pasión mis sentidos.

TEXTO 89

El paraíso va cambiando al son de tus canciones llenas de armonía. Tu cuerpo desnudo es la nota, la cúspide de la melodía. Entonces el coro de los árboles se llena de plata cimbreando de esplendor un himno para la posteridad. Aquella canción cantada cada mañana resucita la flora y la fauna al servicio de una reina.

TEXTO 90

Solo en la inmensidad, entre estrellas enviándome brisas poéticas que yo respiro recreándolas en arquitecturas de luz. Ciudad del amor, elevándome fiel a un estilo de vida, de pensamiento; poeta solitario, poeta en libertad.

TEXTO 91

El verdor de un húmedo bosque cautiva mi alma como tus ojos de un verde esperanza. Levantados los párpados y leyendo en el brillo un cuento, otra fábula. Despertando en el niño expectante: un ultimátum, un nuevo juego: vivir y sobrevolar el juego.
La vida es un bosque, una fábula. Donde ganar o perder, reír o llorar.

TEXTO 92

Lanzados los dardos del destino, sin trampa, sin dolor. Lanzados directos al centro de su corazón. Dominaste los números de la vida, pero erraste el último.

Quemados los dardos del destino, solo queda el club del viejo whisky subiendo a los tejados de la noche, persiguiendo gatos locos y saltando, huyendo de la vergüenza. El último dardo, y se perdió la partida, se perdió la vida.

TEXTO 93

Olvidaste el ascensor, el momento aquel en el que nos miramos subiendo, ascendiendo lentamente en un delirio cuando nada se entiende, nada se escucha. Cuando el ascensor rebasa el Ático del amor y, volando, se pierde en la noche, en la perdida razón; un apartamento en los cielos. El sueño de subir y jamás descender.

TEXTO 94

Se fue lejos de mí, dejando un camino de espinas, vasto, ina-
barcable. Donde sangraban mis recuerdos, mis dolores. Porque
cada espina, cada ortiga, volvía a presentarme el pasado cuando
la perdí.

Un bonito día de verano y su mente se llenó de oscuridad. En
su locura desapareció, solo quedaba su cuerpo, su cara y aquellos
ojos de odio.

TEXTO 95

El señor del trueno martillea La Tierra, desgajando toneladas de rocas y lluvias terrenales.

Las niñas desnudas corren mojadas, mujer en libertad; caballos galopando libres, sin nombre, torcaces cazadas al vuelo por halcones picados. Casta romance de libertad. La muerte en vida, la vida para morir en aquel

sueño, aquel suspiro, aquella mentira.

TEXTO 96

Elaine, toda una bendición. Hechizo de Luna, encantamiento
profundo de un bosque donde los sauces lloran tu recuerdo.
Y tu alma ¿no volverá?
La soledad entre los árboles; el silencio de los pájaros y aquellas
historias del viejo errante cargado de pena. Llora los caminos
mientras se va muriendo sin saber, mientras se muere la belleza,
las flores, las mariposas, el último aullido del lobo.

TEXTO 97

Puedes callar siempre, huir, apagar el recuerdo de aquella mira-
da, aquel beso, aquel instante, cuando se prendió la llama de un
amor que vive en algún reducto de tu corazón.

La mortal avalancha, alud de mentiras y recelos, lloviendo des-
esperado. Seguir, volver al principio, volver al redil, al primer
encuentro y amar, amar sin condición en una batalla hacia el
infierno.

TEXTO 98

Las palabras como gotas de lluvia van cayendo desde las estrofas del cielo. Versos que se van precipitando, intentando culminar en un corazón romántico, que crezca la hierba, que renazcan los prados y las selvas y los grandes estadios, desiertos del silencio… vagando, el renegado se va mojando hacia un nuevo encuentro perdedor y, olvidado, bebe de una fe. Un poema celestial.

TEXTO 99

El trasto que corre bajo la Luna es duro y resistente. Busca un refugio para descargar la roca dura del terreno. Todoterreno de la vida. La creación sobre cuatro ruedas, rodando libre y salvaje, levantando polvaredas; polvos en el camino.
Refugio contando rocas, corazones abatidos.

TEXTO 100

Semillas de lluvia, aguas que penetran el suelo de la ciudad recreando océanos de gloria donde barcos guiados por los soñadores toman la urbe como una flota de liberación, soltando poemas al aire: recreo de libertad. La invasión del mundo de cristal, metálico; congelador de mentes. Puede comprobar la alzada, la revolución de aquel poemario invencible.

TEXTO 101

El murciélago volaba en su veloz cacería emitiendo aquellos chirriantes disparos en el aire. Volaba sediento de sangre, de vida. Aquel enjambre suculento; aquel termitero pudriéndose a cada minuto, cada día, mientras aquella pareja se declaraban la guerra; dos cuerpos en la locura y el murciélago se elevaba atravesando la Luna, el poder de la noche. Las tinieblas de un mundo. La ceguera intemporal.

TEXTO 102

En las profundidades del mar, bajo una tormenta agraz, submarinos del dolor surcan los caminos de Verne, de la imaginación. El amor es un destino. Encontrar tu ciudad, tu patria sumergida… el amor. Aquella Atlántida soberbia; el sueño perdido, el paraíso prometido, sonando aquella música, aquella canción tan adentro de ella, de la verdad.

TEXTO 103

Aquel santo atravesaba desiertos entregado a la prédica de las sagradas escrituras. Predicando amor. El de su cara, su cuerpo, el de ella, creada por un Dios al que agradecía tal belleza, hecha mujer. Y recorría poblados olvidados, abandonados por el mundo como un Quijote en una Mancha infernal. Loco por ella la perseguía. Dulcinea perdida en los desiertos de la mente, de la locura.

TEXTO 104

Por las tabernas de la noche, humedales del tiempo, callejones sin nombre; putas de piel verde, lagartas de Luna; vacíos corazones palpitando por inercia. Llorando el lunático sobre el tejado, el último violín se escucha rebelándose contra la soledad y va muriendo en un adagio, lento trago de vino que sabe a otro adiós por una mujer.

TEXTO 105

El panorama es un vasto desfiladero entre tus ojos de la vida. Tan negros, alineados en el parámetro del amor. Unidireccional, con sentido universal. La noche de entre mil, la única que toca el corazón y desangra el sueño, el loco cuento; la leyenda de un desfiladero… sin final.

TEXTO 106

En el interior de la botella solo queda el último trago, el beso final alcoholizado de despedida.

Y la botella cae rodando calle abajo en su perdición hacia los infiernos, vacía, transparente, entregada:

Ya no piensa

Ya no llora

Solo gira y gira, volteando, rodando hasta que se detiene. Él la recoge, la bota negra, sucia pisando la ciudad, el mundo, para llenarla de odio.

TEXTO 107

Te escuchaba llorar,
te escuchaba morir
por un amor encerrado en un campanario de adoración.
Un tañer eterno que resonaba en el corazón.
Vivías junto a la ventana observando la vida de los gatos, en tu
callejón, inocentes, libres.
Y te quedabas desnuda aguardando aquel tañer de sus ojos de su
mirar llorando, soñándote. Campana de bronce; perdida guerra;
historia de dos tan juntos, tan lejos.

TEXTO108

El silencio del amor, rodeada de ojos que, al cerrarse abren la lluvia en tu corazón. Y tú desnuda, desamparada caes de rodillas implorando perdón. El silencio del amor.

Llorando en el centro de aquel ruedo de pesadilla donde la bestia anda suelta, la locura merodea, cercana y los ojos de alrededor se abren. Ahora los ves por última vez.

TEXTO 109

Te perdiste en aquel concierto. El palco principal quedó vacío y yo te buscaba en los pasadizos del interior.

Se percibía aquel perfume púrpura, la profunda huida entre las nieblas de la grandeza.

El lujo cárdeno de una pasión.

Escuchar aquella aria desde aquel rincón cubierta por una densa cortina, escondida ignorándome y llorando de emoción.

TEXTO 110

El mar se perdió en la última playa dejando un desierto de amantes unidos y helados en una profunda depresión.
Para caer desde los cielos una tormenta poderosa, pertinaz diluvio.
Dios llorando el exilio del mar.
El último reducto del amor al descubierto; diluvio de una pasión, la gran cruz del cielo y el Sol preso en el olvido, la lluvia y una nueva historia de amor.

TEXTO 111

Se encendió la lámpara en el largo pasadizo de la vida. Una luz poderosa, intensa, la de un poder superior, flujo veloz de iluminación.

El cuerpo de la mujer desnudo, pura y virgen adolescente. Arriba y abajo, leyendo un verso tras otro. Bécquer leído por la vital juventud; la belleza maravillada leyendo desnuda en el centro del saber, del mundo.

TEXTO 112

Perdida en aquel laberinto de la mente, te persigue la bestia sin piedad. Y huyes en la tragedia, en la condena. No puedes escapar. La bestia te permite sufrir, no puedes sobrevivir ante el minotauro y sus astas de amor, clavadas en tu vientre, sangres de color vivo, bebidas por un ser, un hombre diferente, un loco, un devoto de ti.

Tu mente, tu laberinto, tu verdad.

TEXTO 113

En pleno invierno te recuerdo delante del radiador, de lado durante horas, ardías, tu pelaje rojizo se tornaba fuego del pensar. Pensador, rondador de la madrugada, conocías cada rincón, cada diminuta tela de araña. Dominando el pavimento, el parket y las alturas; señor de la casa, amigo, siempre amigo, nunca tu amo.

TEXTO 114

El peregrino camina siguiendo a su corazón, bajo la lluvia llora su pasión. Imagina un camino largo repleto de Cristos clavados en la cruz.

Y ella, aquella niña desnuda y llorosa, corriendo como perseguida por un poder oscuro. Un profundo dolor, oculto, la eterna niña, la inefable derrota.

Una historia que sucedió. Un muerto en vida.

TEXTO 115

El señor de las bestias omnipotente sobre la cima de la montaña elevada y poderosa. Contempla la ciudad en su luminiscencia, en su promesa de crecer y devastar el reino de la libertad.
Los animales duermen ajenos a la hostilidad opresora de hombre. El señor de las bestias siente un escalofrío en la espalda, de arriba abajo y grita, grita hasta caer al vacío.

TEXTO 116

El túnel del metro, solitario bohemio de oscuro gabán en un madrigal de extraños sonidos, corazones locos y cerebros dormidos. Vagan en las sombras, miradas turbias, declinadas al poder, al sistema.

El amor romántico, Platón es un mendigo pidiendo una limosna, una última oportunidad.

TEXTO 117

La elevada torre donde duerme el amor. El dulce y el álgido altar de un sueño, un anhelo. Los cielos rodean el cénit de la belleza y Dios castiga con aquellos vendavales la esbelta utopía del amor. Donde perecen todos los paladines del mundo. Elevación imposible, una prisión y un trovador en su último cantar.

TEXTO 118

En el interior de aquella biblioteca-dormitorio dormía soñando junto al amplio ventanal, lloviendo lecturas. Y, en el exterior, limacos y caracolas como lectores del tiempo, de la lluvia, ascendían clarividentes del saber; jardines del pensamiento: los libros de todos los tiempos recogían mi sueño y el viento cargado de brío, de melancolía, pasaba las páginas de una nueva y bella historia.

TEXTO 119

El libro sobre el atrio, cerrado. Es el libro de la eternidad. el que, frase a frase, página tras página, te lleva a todas las respuestas. El cuerpo de mujer, el de cada hombre; el alma desnuda y todas las tentaciones. Es una historia que no tiene fin conocido: cuando se abre, se pierde la cordura pero llega la iluminación. Parece como una despedida del conocimiento. Otro mundo y otro libro.

TEXTO 120

En aquel concierto en el interior de un gran teatro circular y ostentoso, la soprano proyecta su apasionado corazón sobre una audiencia impresionada.

Todos los asistentes profieren llantos y muestran una depresión olvidada.

Prisioneros de un amor, el suyo, el propio, teñido de sangre, partido en dos (corazón) como su mente: esquizofrenia.

TEXTO 121

El gran teatro del mundo, del dolor, de la falsedad, realiza una nueva función: hoy actúa el ballet de la muerte, fría como el invierno, pero bella y perversa cuando se clava en el pensamiento. La función concluye y, en el exterior, llueve como el amigo perdido, como el amor prohibido.
El teatro se clausura más viejo amigo …
Recuerda mañana.

TEXTO 122

Los últimos días del Edén: cuando un ciclón se llevó lo último que quedaba de romántico, llegó un vendaval de frío hielo que detuvo la vida.

Lloraban las orquídeas y las malvarrosas; un aguijón de alacrán se clavó en el corazón de la vida, de la libertad. Solo podía escapar volando en la locura o en el licor de la nada, dormir y olvidar.

TEXTO 123

Me mostraste aquel pueblo de leyendas perdido en las montañas. Y allí me desplacé elevándome como un pájaro de libertad, llamando, gritando a la locura que me amenazaba loca de sí misma. La gran montaña parecía cada vez más grande, más poderosa; el eco, el tenor de la libertad, jamás cantó igual, jamás volvió a cantar.

TEXTO 124

Una palmera decaída, melancólica en el amor por un sauce que llora en la distancia.

Llevan los pájaros mensajes y promesas, lleva el aire poemas y belleza. Decaídos y centenarios los árboles del amor, los que se muestran, los que sufren, vivos, aunque prisioneros, deseando volar en un encuentro, en un sueño imposible.

Una historia de amor.

TEXTO 125

Cuando caiga Notre Dame
Cuando caiga la Sagrada Familia
Cuando caiga Montserrat, quedarás tú

ÍNDICE

Esta
PRIMERA
EDICIÓN DE *El guardian de tu adiós,* DE ÁLEX
PERAIRE, HA SIDO IMPRESA
CON PAPEL AHUESADO, DE 80
GRAMOS. SE HA UTILIZADO LA
TIPOGRAFÍA GARAMOND PRO. Y
SE TERMINÓ DE IMPRIMIR EN
REPROGRÁFICAS MALPE, EN
EL MES DE MAYO DEL AÑO
2024.